HUNDETAGEBUCH

FALLS SIE DIESES BUCH GEFUNDEN HABEN, BITTE HIER MELDEN:

....

....

....

DOG KINGS

HUNDE INFOS

HIER IST PLATZ FÜR EIN FOTO

NAME: ....

RASSE: ....

ALTER: ....

DATUM

DATUM

DATUM

DATUM

DATUM

DATUM

DATUM

DATUM

DATUM

DATUM

DATUM

DATUM

DATUM

DATUM

DATUM

DATUM

DATUM

DATUM

DATUM

DATUM

DATUM

DATUM

DATUM

DATUM

DATUM

DATUM

DATUM

DATUM

DATUM

DATUM

DATUM

DATUM

DATUM

DATUM

DATUM

DATUM

DATUM

DATUM

DATUM

DATUM

DATUM

DATUM

DATUM

DATUM

DATUM

DATUM

DATUM

DATUM

DATUM

DATUM

DATUM

DATUM

DATUM

DATUM

DATUM

DATUM

DATUM

DATUM

DATUM

DATUM

DATUM

DATUM

DATUM

DATUM

DATUM

DATUM

DATUM

DATUM

DATUM

DATUM

DATUM

DATUM

DATUM

DATUM

DATUM

DATUM

DATUM

DATUM

DATUM

DATUM

DATUM

DATUM

DATUM

DATUM

DATUM

DATUM

DATUM

DATUM

DATUM

DATUM

DATUM

DATUM

DATUM

DATUM

DATUM

DATUM

DATUM

DATUM

DATUM

DATUM

DATUM

DATUM

DATUM

DATUM

DATUM

DATUM

DATUM

DATUM

DATUM

DATUM

DATUM

DATUM

DATUM

DATUM

DATUM

DATUM

DOG
KINGS

Impressum:
Jonathan Kuhla
Tempelhofer Ufer 15
10963 Berlin

mail: jonathankuhla@gmail.com

www.ingramcontent.com/pod-product-compliance
Lightning Source LLC
Chambersburg PA
CBHW031302130726
47988CB00007B/2693
9798602157819